JOIES ERRANTES

DU MÊME AUTEUR

Rythmes Pittoresques (épuisé).
L'Amour Chemine, contes en prose.

A PARAITRE PROCHAINEMENT :

Contes de Neige.
Folle de son corps (roman).
Juliette Cordelin (roman).
Contes héroïques. — Contes naïquois.

EMILE COLIN — IMPRIMERIE DE LAGNY

MARIE KRYSINSKA

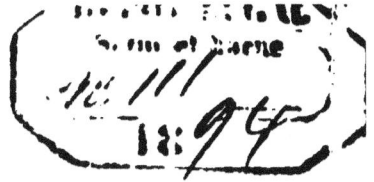

———

Joies errantes

NOUVEAUX RYTHMES PITTORESQUES

PARIS

ALPHONSE LEMERRE, ÉDITEUR

23-31, PASSAGE CHOISEUL, 23-31

—

M DCCC XCIV

AVANT-PROPOS

En cette époque où il est fort à la mode d'être *chef* de quelque école ou, au pis aller, *disciple*, nous tenons à déclarer notre indépendance littéraire, estimant d'ailleurs qu'un artiste ne vaut que par la miette de personnalité propre.

Si l'on remarque des analogies entre nos poèmes libres et ceux contenus dans les volumes et plaquettes parus en ces dernières années, nous rappellerons l'antériorité des dates de publication (1881-1882) afin que nous demeure la propriété de l'initiative bonne ou mauvaise.

Nous déclarons en outre n'avoir jamais pré-

tendu révolutionner quoi que ce soit, ni rem-
placer aucun mode prosodique par celui affec-
tionné de nous — mais simplement faire de notre
mieux et adopter à cette fin la formule qui nous
convenait.

Notre proposition d'art est celle-ci : atteindre
au plus de Beauté expressive possible, par le
moyen lyrique, subordonnant le cadre aux exi-
gences *imprévues* de l'image, et rechercher assi-
dûment la *surprise de style* comme dans la libre
prose avec, de plus, le souci d'un rythme parti-
culier qui doit déterminer le caractère poétique
déjà établi par le *ton* ou pour mieux dire le *dia-
pason* ÉLEVÉ du langage.

Le sacrifice de la rime et de la coupe symé-
trique du vers n'est d'ailleurs qu'une *apparence*
de sacrifice, pour les yeux accoutumés aux prosodies régulières ; car le dispositif inattendu,
asservi aux attitudes de l'idée et de l'image —
est un moyen d'effet de plus (1).

Telle pièce traduisant quelque capricieux coin
de nature, ou quelque anxieux état de rêve, per-

(1) La division linéaire n'étant plus motivée par la rime
ou l'assonance qui sont facultatives devient un moyen de
ponctuation, un arrêt suspensif et aussi un moyen *d'ins-
cription décorative*.

(N. de l'A.)

drai toute son intensité à être enfermée dans un cadre régulier — alors que d'autres sujets appellent à eux les rigides architectures du vers, que nous admirons dans les immortels chefs-d'œuvre des Maîtres.

L'artifice de l'assonnance et, plus tard, de la rime, fut à l'origine l'ingéniosité d'un seul : — le premier qui s'en fut avisé — et non point la raison de vivre de la Poésie. Seul le caractère rythmique est significatif; mais qui dit rythme est bien éloigné de dire symétrie.

A quelles lois dès lors obéira le poète déserteur des prosodies modernes?

Mon Dieu, tout comme le peintre, le sculpteur et le musicien : — aux lois subtiles de l'Équilibre et de l'Harmonie, dont seul le goût de l'Artiste peut décider.

Nous tenons à exprimer ici toute notre reconnaissance non seulement aux chroniqueurs qui ont accueilli si gracieusement nos premiers *Rythmes Pittoresques*, MM. Aurélien Scholl, Ph. Gille, Henri Bauër, Anatole France, F. Champsaur, G. Montorgueil, G. Rodenbach, C. de Sainte-Croix, Ch. Maurras, G. Doncieux, F. Féneon, etc., mais également à ceux qui, hostiles à la formule du *vers libre*, ont bien

voulu, en judicieux et équitables critiques, exami-
ner la matière d'art contenue en cette formule et
reconnaître l'effort — seul digne des soins d'un
artiste — vers quelque beauté neuve et l'expressif
inattendu.

MARIE KRYSINSKA.

JOIES ERRANTES

LA VIE

A Eugène Ledrain.

Elle nous parvient ingénue et rajeunie
Des lointains confins de races abolies.
Les pleurs que versent nos yeux enfantins,
Étonnés par l'éclat des nouveaux matins,
Sont faits des douleurs anciennes ;
Et nos premiers chagrins sont de vieilles antiennes.

   Mais, sous les feuillées de Printemps,
   Nos rondes tournent, tournent gaîment,
   Avec nos âmes de Printemps.

Puis, au ciel doré de l'Été
Fuit le vol vagabond des nuées
Lourdes des orages de nos cœurs éveillés ;

Extases, peines ; male heure et bonne,
Sanglots de joie, enivrements d'orgueil —
L'écho des éternels deuils
Et de l'éternel Espoir à la voix enchantée
En nous résonne.

Toutes les belles fleurs tentent nos mains avides,
Nos pas sont attirés vers l'horizon splendide —
Mais notre pas trébuche aux pierres du chemin
Et les ronces déchirent nos mains.

Au pressoir rouge de l'Automne
Bout le flot mauvais des haineux levains ;
Le tocsin des désastres sonne
Et ruisselle le sang rouge — comme le vin.

Enfin, par l'Hiver glacés,
L'Amour et la Haine fraternellement vont dormir —
Blêmes trépassés —
Sous les neiges sans couleur
Notre cœur se meurt ;
Seules les pâles chrysanthèmes du Souvenir
Se penchent sur notre cœur qui va dormir...

Mais, la minute brève d'une Vie
Contient toute la joie — aussi
Tout le tourment des âges évanouis —
Et le frisson fugace dont notre âme a frémi
C'est le Frisson de l'Infini.

CHANSONS

PRÉLUDE

Tristes ou gaies, moqueuses ou tendres —
Elles sont les Fleurs par nos Rêves cueillies :
Et, tant qu'en nous palpite la décevante Vie,
— Douceur d'aimer, triomphes, chagrins,
Cris de colère, joyeux rires, —
Tout cela devient entre nos mains
            Des chansons.

    Fastueux contentements
    D'orgueil — ivre de vent ;
    Ardents serments
    D'amants,
    Amitiés fidèles
    D'âmes jumelles,
    Gloire, Amour, Amitié : —
            Chansons !
Chassés par l'heure,
            Nous passons,
Seules demeurent
            Nos chansons.

CHANSON TENDRE

Laissons gémir le Vent d'Hiver
Puisqu'un Soleil plus empourpré
Que les Soleils de Juillet
Flambe dans nos cœurs qui se parlent de tout près.

Laissons neiger les éphémères fleurs
Des pommiers poudrés de Printemps ; —
Un Avril éternel fleurit nos chers bonheurs.

Laissons défaillir les feuillages accablés
Par la chaude étreinte de l'Été ; —
Une langueur plus exquise nous retient enlacés.

Laissons pleurer le Ciel d'Automne
Puisque des pleurs d'extase baignent nos yeux ravis,
Et que plus tendrement encore nous unit
La trois fois chère Mélancolie.

GIBOULÉES DE MARS

A Félicien Champsaur.

CHANSON

Les anémones refleuries
Ouvrent leurs batistes légères
Comme des guimpes de bergères.

Le vent nouveau, ivre de parfums,
Caresse les branches encore nues ;
Et, dans le beau ciel, les claires nues
    Sont couleurs d'ailes
    De tourterelles.

Le soleil, d'or paré,
Ramène Pâques fleurie
Comme une blanche épousée.

Mais les folles averses crèvent
En pleurs tumultueux
Sur les fleurettes, sur les rêves,
Et dans les tendres yeux
Des amoureuses, des amoureux,
En pleurs tumultueux
Les folles averses crèvent.

O l'exquise saison !
O l'insigne charme
Des tristesses sans raison,
Des baisers trempés de larmes !...

CHANSON JOYEUSE

A Georges Montorgueil.

Le Vin dort encore aux vignes nouvelles ;
Et les jeunes Blés aux gerbes vierges
Dressent leurs lames fières que le ciel peint en bleu :
Vagues d'azur mouvant sur l'horizon d'azur.

Chaque matin nouveau au Bois renouvelle
La symphonie des tendres voix mêlées :
Hautbois roucouleurs, petites flûtes ailées,
Et, dans la mare indolente qui près des joncs repose,
Les guitares des grenouilles virtuoses.

Les arbres, parés de feuilles nouvelles,
Semblent s'enlacer pour des courses folles —
Au bord des allées qui rient de soleil.

Juin, tout en vert, porte la nouvelle
Des fruits de demain aux oiseaux gourmands ;
Et, mieux que de vin, mieux que de soleil,
Tous les cœurs sont ivres de sève nouvelle.

CHANSON D'AUTREFOIS

A Auguste Marin.

Dans votre château, belle châtelaine,
      Dans votre château
Vous dormez encor près du vieux seigneur
      Quand déjà je chante
J'e chante vos yeux, fiers comme les fleurs
      De la marjolaine...
Mais tu n'entends pas — belle châtelaine !

Dans votre château, les beaux chevaliers
Mènent grande liesse tout le long du jour.
      Cœur sitôt donné,
Cœur sitôt repris : vous souvenez-vous
      D'un doux soir d'amour
Où vous êtes tombée vaincue dans mes bras ?
      Nul ne le saura,
Nul ne le saura — belle châtelaine !

Dans votre château, belle châtelaine,
Vous dormez déjà près du vieux seigneur
    Quand je pleure encore...
Je pleure vos lèvres, rouges comme les fruits
    Du Saint Paradis,
Dont tu me baisas, entraînée d'amour,
    Belle châtelaine !

L'aube de demain me trouvera mort
Au fond de l'étang où l'eau verte dort ;
Et pour ma pauvre âme maudite à toujours,
Dans la chapelle haute, devant la Vierge en pierre,
    Tu diras une prière,
Belle châtelaine qui m'aimas un jour,
    Belle châtelaine !

CHANSON MODERNE

A Armand Masson.

Le Poker et le Turf ont tari
        Mon escarcelle,
— Sèche tes yeux, petite belle.
Sèche tes yeux, petite chère —
Il faut que je me marie
        Avec une héritière.

Trois demoiselles d'honneur danseront à ma noce,
        — Sèche tes yeux —
La Faillite, la Tristesse et la Vieillesse précoce,
        — Mignonne, adieu !

        Qu'un autre prenne
Tes jolis yeux, petite mienne,
Et ta bouche amoureuse, si rouge aux blanches dents,
        Je n'y vois pas d'inconvénient.

Et même au Cercle, je connais
Un qui te trouve un charme rare,
Je te le présenterai
Comme par hasard.

CHANSON TRISTE

A Jules Bois.

Dans les cyprès
Que le vent du soir balance,
Dans les cyprès
Une voix plaintive y chante,
Y chante des berceuses jolies
Aux pauvres morts endormis.

Elle dit aux belles,
Qui sont couchées rêvant,
Elle dit aux belles :
« Sont partis vos amants
Vers d'autres belles,
Leur jurant mêmes serments. »

Dans les cyprès
Que le doux matin arrose.
Dans les cyprès
Une triste voix y cause :

2

« Ne vous réveillez pas,
O pauvres morts dormants,
Car votre place, las !
Est prise depuis longtemps.

« Rêvez du temps charmant,
De vos belles années.
Rêvez des frais printemps
Pour toujours en allés
Et de ces bouquets blancs
A jamais effeuillés
Avec les chers baisers
Par vos fiancées donnés. »

Dans les cyprès
Une voix tendre y pleure,
Dans les cyprès
Une voix tendre y gémit.
Et vous, enfants petits,
Aux mères arrachés
Par la méchante mort,
Vous-mêmes êtes oubliés ;
D'autres fils sont couchés
Dans vos berceaux d'osier.

CHANSON DANS LES VIGNES

A Jean de Mitty.

Les vignes sont en fruit
Sur les coteaux mûris.
Mettez des feuilles rougissantes
Parmi vos boucles de bacchantes
Vendangeuses au rire clair
Comme le cri des grives dans l'air.

L'Amour — ce Vendangeur
Ivre du sang des cœurs —
Veut grapiller encore, encore,
Des lèvres rouges, des yeux d'aurore.

Il en fera jaillir
Des larmes, des soupirs,

Et l'amertume en sera douce
Comme le vin nouveau qui mousse
Au bord des verres brillants,
Au bord des verres chantants.

L'ivresse est sainte qui fait chanceler
Vos pas d'amoureux, couples enlacés,
Dans les vignes en fruit
Sur les coteaux mûris.

CHANSON D'AUTOMNE

A Gabriel Randon.

Le ciel d'Automne
Pleure et pardonne
Nos doux péchés de Printemps.
Et toi,
Rose d'Amour pourquoi
Garder ce cher parfum
A ton corsage défunt !

Les souvenirs d'antan
Sont d'importunes vielles
Qui demeurent chantant
Sous les balcons déserts —
Où ne paraît aucune belle.

Assez de rancœurs !
Saison tendre, comme une sœur,
Apaise sous ton baume mélancolique et vainqueur
Les cœurs épris de ta douceur.

2.

LA CHANSON DES CENDRES

A Coquelin Cadet.

Les cendres tournent dans le foyer
Soulevées par les premiers
Souffles printaniers.

Où sont les feux de joie roses comme les roses,
Confidents de spécieuses choses
Dont les batistes amoureuses se teignaient en rose ?

Tôt éteintes sont les flambées
Des espérantes Envolées,
Même si l'on atteint ce qu'on a souhaité !

D'une main lente cueillons l'heure,
Car le Bonheur
C'est l'Effort vers le Bonheur.

REPRISE

(SONNET RENVERSÉ)

Restons ainsi, ne disons rien,
La main seulement liée à la main
D'une faible étreinte attendrie.

Entends ces vagues de mélancolie,
Les douleurs souffertes, se briser
Dans nos cœurs guéris d'un baiser.

Je ne veux de toi ni serments, ni même
Que tu me dises si tu m'aimes ;
Ne me demande pas, non plus — ce serait mal —
Où mon cœur tenta d'apaiser son mal !

Goûtons cette minute éperdue,
Grisés, comme d'un vin vermeil,
De nos pleurs pareils à la neige fondue
                    Par le Soleil.

LA PARURE

A Antoine Périvier.

Un peu de l'âme somptueuse et barbare
De nos primitifs aïeux
Passe en nous avec les feux des pierres rares
Et l'éclat du métal précieux.

L'or ciselé en bagues alliantes
Et en bracelets nous enchaîne
D'une fidèle tendresse où s'enchante
La tendresse de nos grand'mères lointaines.

Les perles rient en colliers
Sur notre cou qu'elles caressent
Licencieuses comme au beau temps
          Des mouches, des paniers
Et des galantes paresses.

Les mousselines légères
    Nous font
Un cœur de papillon,
Et les fraîches toiles à fleurettes suggèrent
Un cœur de bergère.

Dans la soie murmurante et câline
C'est l'amoureuse qui veut qu'on devine
Ses abandons et ses langueurs, toutes.

Les plis souples de la dentelle
Sont d'aimables routes
Fleuries, vers la fantaisie fière qui s'y récèle.

Le riche apparat des velours
    Nous fait un peu reine,
Un peu châtelaine aux fastueuses amours.

Mais en l'asile discret des sombres laines
Une âme de nonnain
    Nous vient ;

Tant l'Art et le Rêve sont les vrais vainqueurs
    De nos faibles cœurs.

NOTES FÉMININES

A Edmond de Goncourt.

DEVANT LE MIROIR

Cette grave entrevue
Est fertile en émois,
L'image, pourtant connue,
Surprend toujours ; — est-ce bien soi
Cette soudaine apparue ?

Et les petites mines d'aller
Pour calmer l'inquiétude qui vient
De n'être pas — il se peut — aussi bien
Que l'on voudrait ;

Mais, bientôt, une distribution de récompenses
Généreuses, commence.
Les cheveux ? ah ! les cheveux, parfait !
Surtout de profil ; on dirait

De telle peinture d'artiste admiré ;
Puis on retrouve à des détails menus,
Le souvenir du même visage des jours révolus
Des jours enfantins si vite — en somme — disparus.

Et l'on songe à cet autre miroir enchanté
Si impressionnant pour nos jeunes cœurs :
L'eau de l'étang que l'on croyait
Un morceau de ciel tombé
Où poussaient aussi des herbes et des fleurs.

COQUETTERIE

Un désir — déjà presque un regret
Un émoi paresseux qui ne sait
Ce qu'il redoute ni ce qui lui plairait.

Une mélancolie de refuser — savoureuse
Comme un fruit qui serait amer — aimablement ;
Puis une allégresse pâle comme un feu de veilleuse ;

Et l'on devine bien, tout au fond de soi,
Que rien ne demeurera
De cette petite flamme éloquente qui ment,
De ce désir, de cet émoi ;

Si non une fatigue heureuse et une joie d'artiste
D'avoir su jongler avec du subtil
— Une joie pourtant décevante et triste,
Car, d'aimer tout simplement — c'eût été plus gentil

3

CAPRICE

Une petite Folie
Qui d'elle-même se rit
Comme une folle ;
Une petite Folie aux clochettes de passion,
Folle pour de bon ;
Une façon plutôt bête de jouer son cœur
A pigeon vole,
Car, je vous demande, comment tout cela
Pourrait devenir du bonheur.

Tandis qu'on peut en souffrir vraiment —
Pas du tout pour rire —
Voir de cette blessure ouverte en jouant
Couler du vrai sang ;
Et pleurer des larmes pires.

Voir saigner même son orgueil
Comme s'il y avait de quoi — sans raison ;
Cette idée aussi de mettre tout son orgueil
            Entre les mains d'un seul
Est absurde plus que de raison.

OMBRES FÉMININES

JUDITH

A Marthe Mellot.

Elle s'est parée comme une épousée
La fille d'Israël que le chef de l'armée
Assyrienne auprès de lui appelle.

Jamais Victoire n'offrit à nul héros de couronne plus
  belle :
    Les pierreries, aux regards sorciers —
Qui brillent sur son sein en murmurants colliers —
Ont moins de lueurs que ses noires prunelles ;

    Et les fines étoffes, répandues en nobles plis
      Sur son corps pur, frotté d'huiles odorantes —
Semblent les voiles mêmes de l'aube au doux souris.

En sa bouche plaisante sont les discours avisés —
   Comme le miel dans une fleur de grenadier.

La Nuit diaphane, couronnée d'étoiles,
   Va déclore bientôt son lourd portail ;
Mais, avant que le Jour ait fait voguer ses claires
voiles,
   Le Seigneur accomplira ses desseins
Par cette main petite et tendre comme un ramier
sauvage.

Elle a laissé ses habits de veuve à Bethyloua
   Et vient, ceinte de grâce, en ses vêtements
joyeux,
   Au susurrement câlin des pendants d'oreilles
   Et des bracelets, sur ses chevilles et sur ses
bras.

Son pas harmonieux est guidé
Par la puissante droite d'Iahvé,
   Qui veut que son peuple gémissant
Lave son opprobre et sa honte — dans le sang.

Et, penchée sur le chef endormi, comme une
   amante,
Elle prend l'épée recourbée qui, dans sa main char-
   mante,
Va devenir le Saint Glaive vengeur.

OUMÉ

A Mademoiselle Thérèse Duroziez.

Oumé — Fleur-de-Prunier — la petite princesse
Japonaise — aux longs yeux,
Au teint de lotus doré,
      Laisse errer
Ses doigts de fin ivoire
Sur les cordes tendues de la *biva;*
Et de ses lèvres exquisement pâles
      Monte une chanson :

    « Le guerrier farouche,
    Le farouche Samouraï,
    Pour moi seule s'attendrit;
    Le baiser de sa bouche
    Est gai comme un éveil de nids. »

La chanson vole par delà les lattes délicates
De bambous, avec soin ouvragés ;

Elle vole par delà les étoffes brodées
Où, songeuses, les cigognes se sont arrêtées ;
La chanson vole jusque sous le ciel diapré —
    Sous le ciel rouge, violet et gris —
Et berce, comme d'un souffle léger,
Les Chrysanthèmes, les Pivoines et les Iris.

        « Il est parti guerroyer,
        Armé du *kalana* recourbé ;
        Mais son baiser dans mon cœur est resté...
        Et j'attends, palpitante d'espérer
        Le retour du Bien-Aimé. »

Les Chrysanthèmes disent : — Viens, petite sœur.
Dont la robe comme nos parures est joyeuse,
Viens parmi nous promener ta langueur amoureuse !
Dans le vent frais, qui souffle de la mer, nous bai-
    gnerons ensemble..
Viens parmi nous, petite sœur qui nous ressemble !

        « Le charme de vivre, le charme de voir
        Les fleurs, aux chatoyants reflets,
        Qui, telles de petites sœurs,
        Autrefois me parlaient —
        Tout s'est éloigné
        Avec le Bien-Aimé. »

Les Pivoines disent : — Nos seins sont éclaboussés
Du sang glorieux des guerriers tombés ;
La petite princesse ne reverra jamais
      Son Bien-Aimé !

    « Si son jeune cœur allait succomber !
      Si mon beau guerrier loin de moi tombait !
   Ah ! sûrement les hirondelles sauvages me le
    diraient. »

Et les Iris disent : — Viens, petite sœur,
Te pencher sur l'eau à l'insigne douceur !
Dans les roseaux tremblants dort l'opium suprême...
Viens parmi nous petite sœur !

    « Et s'il ne devait
    Revenir jamais,
    Mon Bien-Aimé,
    Parmi les iris et les roseaux,
    Tremblants dans l'eau,
    Je m'endormirais. »

Des cordes tendues le frémissement cesse
Et la chanson a replié son aile,
Oumé — Fleur-de-Prunier — la petite princesse
Japonaise, aux longs yeux,
Rêve parmi les étoffes brodées
Où, songeuses, des cigognes se sont arrêtées.

JEANNE D'ARC

A Paul Hugonnet.

SONNET EN PROSE

Le bûcher est dressé, le triomphal bûcher,
Où Jeanne montera, ainsi que l'on s'exhausse
    Sur un trône d'immortalité.
Court-voyants soudards qui appelez
Supplice — l'apothéose de sa gloire !
Plus cléments, vous eussiez volé
      Sa belle part
Au patrimoine de l'Histoire.

La voici, tel un joyeux Archange planant haut
Au milieu des flammes vermeilles,
Qui chantent sa beauté de vierge sans pareille.

    Et sa cendre sera
La semence précieuse qui fera
Lever une moisson de héros.

LA DU BARRY

A Lucienne Dorsy.

La petite fée du joli, toute poudrée de grâces mièvres,
Tourne d'une main distraite, et blanche à merveille,
La cuiller, dans une tasse — qui est assurément
En fine porcelaine de Sèvres —
Où fume le café odorant, don nouveau
   D'un monde aussi fabuleux
Que les contrées des contes de Perrault.

Les fleurettes de sa robe à panier
Sont moins futiles et folles que sa tête frisée
A menus frisons, blancs comme du sucre.

C'est un oiselet voluptueux et insoucieux ;
Fait pour le nid royal et les longues paresses,
Sur des tapis — qui coûtent des provinces.

Tout ce qu'elle sait — cette petite courtisane —
C'est que son amoureux est le plus grand
      Gentilhomme de France, —
Et que le rose tendre lui va divinement.

     Mais le carmin mignard,
     De ses joues, pâlit soudain ;
     Car, le souvenir lui vient
     D'un odieux cauchemar
     Qu'elle eût dernièrement :

C'était, au milieu d'une hurlante multitude...
     Un lourd couteau
Tombait sur son cou délicat...

— Ah ! le vilain rêve ! — dit-elle, de ses mignonnes
  lèvres roses,
Qu'on dirait peintes par Boucher,
— Décidément, je ne boirai plus de café,
C'est lui qui doit en être cause —

Mais déjà, pensant à autre chose,
Elle vide sa tasse à petits traits.

FLEURS DES PRÉS

A Charles Frémine.

Je veux dire vos grâces enjouées et naïves
    Campagnardes fleurettes :
Soit que le matin endiamante vos collerettes,
Ou que le soir vous pare de lueurs fugitives.

    Les riches sequins des boutons d'or
    Font de l'herbe verte un écrin joyeux ;
    Et les liserons sauvages sont de doux yeux,
Où une petite âme sentimentale dort.

    Les marguerites, au cœur léger,
Ont trempé — semble-t-il — leurs pétales
    Aux rayons de la voix lactée
    Et dans le clair-de-lune pâle.

Le coquelicot, en jupes fripées —
Comme par de galantes équipées —
Recèle en son sein, noir et vermeil,
Le don maléfique du sommeil.

Les folles avoines — gais cheveux au vent —
Caressent — lascives — les bleuets rêvants,
Reflétés de ciel : immuable et changeant.

Ombelles argentées — fraîche tombée de neige —
Tout en petites étoiles, finement ouvragées;
Votre ombre délicate protège
Les frêles menthes, aux senteurs exaltées.

Véroniques mélancoliques,
Trèfle — fleuron héraldique —
Pâquerette, coquette,
Au teint de rieuse fillette;
Petite sphynge des prairies
Qu'interroge la main inquiète
Du jeune amour qui pleure et rit.

Et vous, délicates fleurs envolées —
Papillons blancs, bleus et rosés,
Parmi les sainfoins qu'une tendre brise fait onduler !

Vous êtes — gentille assemblée ! —
Comme un gracieux bouquet posé
Par le Soleil — amant resplendissant —
Sur le sein de la vallée,
Qui porte le trésor des blés mûrissants
        Dans son tablier.

IDYLLE

A Rachilde.

Sur la route bordée de vertes haies
Où le chèvrefeuille chevrote, bercé
Par le tiède vent d'été,
Comme de vieux airs atténués ;

Ils vont épris ; lui et elle —
L'éternel *lui et l'elle* éternelle —
Qui pensent être premiers
A tant s'aimer.

C'est tout le ciel pour lui — ses yeux,
C'est pour elle un cher paradis
Que le bras fort de l'amoureux,
Où la main de l'aimée se blottit —
Comme un frêle oiseau dans un nid.

Tout le sang de leur cœur s'est fait vin de tendresse
Et tous leurs rêves sont à deux ;

Cependant viennent au devant d'eux
— Sur la route bordée de vertes haies —
Leurs inconjurables destinées

Qui sont : — La Mort
Et l'Oubli — cette pire des Morts.

LE POÈME DES CARESSES

Inoubliables baisers qui rayonnez
Sur le ciel pâle des souvenirs premiers !
Baisers silencieux sur nos berceaux penchés !

— Caresses enjouées sur la joue ;
Tremblantes mains des vieux parents, —
Pauvres chères caresses d'antan,

Vous êtes les grandes sœurs sages
Des folles qui nous affolent
Dans les amoureux mirages.

Baisers ingénus en riant dérobés,
Moins à cause de leur douceur souhaités,
Que pour s'enivrer de témérité.

Premières caresses, vacillantes —
Comme, dans le vent âpre,
Des lumières aux lampes ;

Caresses des yeux, caresses de la voix,
Serrements de mains éperdues
Et longs baisers où la raison se noie !

Puis, belles flammes épanouies,
Sacrilèges hosties
Où tout le Dieu vainqueur avec nous communie !

Caresses sonores comme des clochettes d'or,
Caresses muettes comme la Mort,
Caresse meurtrière qui brûle et qui mord !...

Baisers presque chastes de l'Amour heureux,
Caresses frôleuses comme des brises,
Toute-puissance des paroles qui grisent !

Mélancolique volupté des bonheurs précaires,
Pervers aiguillon du mystère,
Eternel leurre ! ironique chimère !

Puis, enfin, dans la terre —
Lit dernier, où viennent finir nos rêves superbes, —
Sur notre sommeil, la calmante caresse des hautes
    herbes.

LE PORTRAIT

Bien-aimé visage jauni
       Par le temps ! —
A lourdes gouttes, s'égouttant
       Sur mon ennui —
Tant d'années déjà passées
Sur ce deuil inapaisé !

    La main fidèle de l'artiste
    A fixé dans ce cadre étroit
    Un peu de ton charme triste
    Et, vivante, je te revois.

Avec la douceur calme de ta présence
Et le sortilège de ta voix et sa toute-puissance
Pour endormir les peines puériles
      Par où la vie commence.

Il me semble, ô chère Apparue !
Que l'or de ce cadre est la fenêtre ouverte
Sur le pays béni, habité
Par les Ombres saintes,

Et que tu t'arrêtes là, émue,
Vers ton enfant attirée
Par la pitié.

LES ENDROITS

A Henri Oulevay.

C'est bien un peu de nous-même —
Du nous-même d'autrefois —
Qui reste épars aux coins oubliés
Où nos cœurs ont palpité.

Mais aux décors bénis où vécut notre joie,
Où les riantes Avenues d'Espoir s'ouvraient, divines —
Erre une ombre douloureuse, comme d'une âme or-
  pheline —
Et l'aile funèbre de la Mélancolie, s'y déploie.

Tandis que les endroits jadis désertés
Par nous, en pleurant d'irréparables malheurs,
Revêtent à nos yeux résignés
Une miraculeuse douceur.

4

SOIR

Oh ! la caresse tendre du Silence autour de nous !
Et la plainte résignée des années ressurgies !

Les écheveaux de lumière se nouent et se dénouent
Fantasquement, lentement, aux flammes des bougies —
Que regardent nos yeux par le prisme cher des larmes

Nées sous la caresse tendre du Silence autour de nous.

Au fil du Temps dérivent les Heures dépouillées de
    leurs armes,
Car en *toi* c'est l'extase durable et le charmant
    repos.

— Pour quelles fêtes dans le beau ciel dormant ces
    lampes ?
Et ces girandoles allumées pour quelles fêtes ? —

Au fil du Temps tombent les Heures comme des
  larmes.

Fermons les rideaux sur notre intime et douce fête ;
Que, seule, la curiosité placide des estampes
Nous surveille, sans haine jalouse ni méchants propos;

Cependant qu'au beau ciel dormant s'allument les
  lampes.

LE POÈME DES COULEURS

A Loïe Fuller.

Gammes ardentes et claires gammes —
Aux accents vibrants, aux inflexions d'effroi,
Aux tons plaintifs, aux tons joyeux —
Vous papillotez comme des yeux,
Couleurs, vous êtes le reflet des émois
Qui traversent nos versatiles âmes.

Les bleus tendres — sont les tendres amourettes,
Myosotis effeuillés en rêvant
De baisers dont on n'ose la cueillette.

Les bleus de roi, profonds comme les flots
De la mer hellénique au repos,
Parlent des âges somptueux
De chevaliers partis qui reviendront vainqueurs.
Avec, sur leur superbe cœur,
L'écusson d'azur où le Lys s'écartèle

Et qu'ils rapporteront, fidèles, à leurs belles,
Quand seront blancs devenus leurs noirs cheveux.

Mais le sombre Indigo des nuits d'été
Est la caresse consolante à nos yeux dépités
Par le harcèlement du réel quotidien —
Qui nous mord et aboie comme un chien.

Violet — violette des tombeaux,
Où des veuves en demi-deuil vont prier
Déjà rêvant d'amours nouveaux ;
Et violettes lasses, laissées
Sous les paupières par les bonheurs goûtés
Comme un vin meurtrier.

Lilas frais et mauves pervers,
Rhododendrons où des phalènes vont se pâmer ;
Orchidées fleuries dans les serres —
Auprès des couples enlacés
D'étreintes furtives et douloureuses presque,
Qu'aux yeux de tous il faut cacher.

Rose léger des mousselines
Et rose odorant des roses
Qu'entraînent des musiques câlines,
De valses ; — pendant qu'on cause
Sous les lampes, de galantes choses.

Pourpre sanglante des combats !

Et sinistre carmin des flammes !

Vous clamez — au son des trompes rugissantes —
la gloire

De chaque Héros qui tomba

Baisé au front par la Victoire.

Seules resteront à jamais ignorées

Les tragiques mêlées

Où, vaincues, succombent les âmes.

Or rouge des vignes mûries

Où s'entraîne la ronde folle

Des amoureux aux mains unies.

Orangés calmes des couchants d'automne,

Orangés tristes des feuilles tombées,

Qui tournent dans le vent mauvais

Avec les serments oubliés !

Or délicat des chevelures blondes,

Pâleur lascive des créoles

Qui s'éclaire de l'or joyeux des joyaux ;

Rubans jaunes mêlés aux tresses brunes,

Jupes vives des gitanas —

Qui dansent indolentes sous la jaune lune.

Cuivre roux des blés lourds de grains,
Que le soleil couve comme une poule ses poussins,
Et riche ivoire des fruits attachés,
Comme des étoiles, sur le vert intense des vergers.

Emeraude agreste où les regards boivent
L'eau candide de votre éternelle jeunesse,
        O fraîche grâce bucolique !

Sources ingénues et sous-bois songeants ;
Hêtres, Ormeaux, Frênes et Viornes —
        Vos feuillages grêles ou puissants
Sont les petites voix chantantes, l'allégresse sans
   bornes
        De Pan l'immortel Adolescent.

        Sous vos branches entrelacées,
        Les frêles herbes sont bercées
        De chansons douces — comme l'Espoir
        Au cœur craintif, par le destin navré.

Mais, voici le bleu mystique des soirs ; —
        Teinte pieuse du manteau bleu
        De la Vierge Marie,
Telle qu'on la voit, sur fond d'orfèvrerie,

Aux naïves peintures des maîtres d'autrefois,
Qui, sûrement, l'ont vue s'arrêter auprès d'eux
Souvent — pour voir si le portrait
    Serait bientôt achevé.

Voici le bleu mystique des soirs.

    Gammes ardentes et claires gammes —
    Aux accents vibrants, aux inflexions d'effroi,
    Aux tons plaintifs, aux tons joyeux —
    Vous papillottez comme des yeux,
    Couleurs, vous êtes le reflet des émois
    Qui traversent nos versatiles âmes.

EFFIGIES

A Denise Ahmers.

Frêle et blonde, sentimentale et sensuelle ;
Le fatidique Orient sculpta ses traits parlants
De chimère inquiète, inquiétamment belle,
Aux pâles yeux, couleur de vagues déferlant,
Où l'âme des lointaines races se révèle.

De son geste félin, alenti de langueur,
Emane un très subtil et très multiple charme :
Des grandes Cléopâtres c'est la petite sœur.

L'artiste, pour cette Fleur de Mélancolie
Souhaite — afin qu'elle soit encor plus jolie —
Le fard d'Insomnie et la parure des Larmes.

A Renée Derigny.

Chate brune au beau geste hiératique et hautain ;
Frémissante de passions nobles et d'autres ;
— Mais les passions sont toutes nobles, même les
    autres, —
L'enthousiasme rayonne en ses doux yeux châtains
Et son sourire a le charme clair des matins.

Jean Goujon eût aimé sa taille longue et fière
Aux bras souples, au cou royal de quelque Diane
Chasseresse de Rêve aux lunaires clairières ;

Elle eût exquisement porté le blanc hennin
Et le brocart, au temps somptueux de reine Anne —
Chatte brune au beau geste hiératique et hautain.

A Irma Perrot.

Factice simplement. Par les grâces savantes
Très femme ; mais enfant par la joie ingénue
Qui montre, au gré du rire clair, ses dents charmantes,
Enluminant les lèvres dont l'arc fier s'atténue
A cette sonnerie de gaité enchantante.

Noires le soir, le jour d'outremer ses prunelles
Ont la grave beauté des grandes amoureuses,
Brillant parmi l'iris dont la nacre étincelle ;

Finement d'or ; les cheveux en boucles câlines
Se pâment vers ses yeux : — telle l'eût révée Greuze
En ces boucles — comme des paroles — câlines.

A Camille Picard.

Muse et rapin ; les traits mignards et volontaires ;
Aussi parfaits que si Jean Clouet les eût peints.
De l'esprit comme un diable en ses yeux gris et verts
Et du charme très doux, généreux comme un vin,
Dans le sourire — comme une rose — entr'ouvert.

Depuis les ondes folles de la chevelure
Jusqu'aux fins ongles — c'est la Française de race ;
Très complexe : fière et simple, perverse et pure.

De la femme elle a toute la futile grâce,
Mais d'un loyal ami la droiture certaine : —
Un camarade exquis, joli comme une reine.

A Luce Colas.

De la grâce ingénue, aussi émouvante
Que la grâce des paysages normands
Où, parmi les doux feuillages bruissants
L'eau coquette, miroite, court et chante.

Le cher souci d'Art a mis dans ses yeux gris,
Rieurs de malice, un rien de graves songers,
Mais sa bouche demeure le fruit frais des vergers
Aimés de Watteau et — tout parfumé d'esprit.

Le siècle des fossettes et des bergeries
Des amours, des rubans et des cœurs aux abois,
Semble l'avoir ornée pour le plaisir des yeux ;

Et c'est aussi le charme exquis des causeries
Tendres et raisonneuses des Dames d'autrefois
Qui ressuscite en elle par le vouloir des Dieux.

BACCHANALE

A *Aurélien Scholl.*

Sous les lampadaires verts des chênes,
La farouche et rythmique extase se déchaîne.

Les torses, aussi beaux que des ciels d'été,
Souplement ondoient. Et les seins lactés —
Ainsi que d'ivres nébuleuses —
Voguent au gré des danses amoureuses.

Et le flot du vin odorant se mêle
Aux flots des chevelures qui follement ruissellent.

Sous les lampadaires verts des chênes,
La farouche et rythmique extase se déchaîne.

Les susurants tambourins échappent aux mains lassées.
Et de plus âpres étreintes font les formes enlacées.

Ainsi que des lianes caressantes
De frêles bras s'éprennent des épaules puissantes;
Et le saint Délire, en tournoyantes rondes,
Constelle l'horizon rose de chairs blondes.

Le Rire divin sonne de somptueux tocsins,
Les lèvres rient, aussi les yeux, aussi les seins...
Et, tandis que la fin du jour déploie ses pompes,
Les Satyres, enflant leurs joues, soufflent dans les
    trompes.

LE SABBAT

A Jean Lorain.

Par la clairière,
Blême de lumière
    De lune,
La folle ronde
Tournoie et gronde —
Comme la rafale
Chevauchant la pâle
    Lagune.

C'est la gaieté — combien morose! —
C'est la peur et la soif de l'oubli guérisseur,
De l'oubli destructeur
            De toute chose,

Qui enlace : riant et criant,
Ces pauvres êtres en proie
            A la pire joie ;

Et fait ces fulgurantes étreintes d'amour —
      Sans Amour.

Mais, de cette ivresse, triste comme la Mort,
Où les vivants damnés veulent fuir la Vie
—Ses deuils, ses crève-cœur, ses crimes, ses remords—
D'autres êtres vont naître — et l'odieuse Vie
Germera triomphante en ces baisers de Mort.

      Par la clairière,
      Blême de lumière
        De lune,
      La folle ronde
      Tournoie et gronde...

SUITE D'ORCHESTRE

A François Coppée.

Chantez et pleurez,
Les Orgues, les Belles !
Pour les âmes souffrantes, pour les âmes tremblantes,
Pour les âmes brûlantes d'angoisse divine,
Pour les âmes blessées de peine muette,
Pour les âmes saignant sous les pudiques mains
De la Mélancolie, sœur chère qui les recèle,
Chantez et pleurez,
Les Orgues, les Belles !

C'est, d'abord, l'Hosanna des calmes voix unies,
Soprano juvénile et fervent contralto ;
La Prière de douceur ingénue
Qui plane, comme une mouette aux larges plumes
    blanches,
Au-dessus des tourmentes marines — dans la nue.

Mais, en soupirs pressés, haletants d'émoi,
Voici courir les fraiches notes du Hautbois ;
Comme par un matin tendre de Printemps
Dans les jeunes branches d'arbres court le Vent.

Les Flûtes pastorales ont le rire léger
Des cascades, sous les feuillées nouvelles,
            Où les colombes vont boire,
Tandis qu'au firmament, clair comme leurs ailes,
Luit un Soleil joyeux aux longs rayons de gloire.

Et les Cors brament les Hallalis
Des poursuites dans les Forêts —
Où le Cœur éperdu sanglote à la curée
Des Dieux anciens, des Rêves abolis.

Puis, Violoncelles et Violons
Enlacent leurs accords puissants —
Comme en des étreintes de Passion
Plus forte que la Mort et le Temps.

Elles disent — ces cordes saintes —
Le charme de l'Art vainqueur,
Asservissant les formes, les sons et les couleurs,
Et par qui nos mains débiles sont armées
Contre le Néant — de la brillante Epée.

Sonnez et palpitez,
Harpes irréelles !
Ouvrez vos frémissantes envergures
Pour des envols exaltés
Devers des Firmaments que le songe constelle !

Et vous, tendres Mandolines,
Quittez vos sonores tombeaux !
Guitares aux complices fredons,
Murmurez, galantes et câlines,
Le vieil air toujours nouveau
Sous les éternels Balcons !

Susurrez, nerveux Tambourins,
Aux mains des heureuses Folies !
Egrenez comme des minutes chères
Vos fugitives sonneries !
Jusqu'à ce que la voix pesante des Trombones
Mette en déroute vos babils clairs.

Les Cuivres éclatent et mugissent —
Comme en des égorgements de Vaincus, —
Leur son tragique a la couleur du Sang,
D'un noble sang, à flot répandu
Parmi les mornes étendues
Des mondes finissants.

Et les cymbales roulent comme des astres fous
Vers des abîmes de détresse.

     Mais, voici les Voix, les précieuses Voix
     Des hautains Espoirs — à jamais fidèles,
     Qui s'élèvent lentes vers le ciel cruel,
        Où leur vol s'éploie
     En prismatique et pacifiante Apothéose.

     Chantez et pleurez.
     Les Orgues, les   es !
Pour les âmes souffrantes, pour les âmes tremblantes,
     Pour les âmes blessées,
     Pleurez et chantez !

SÉRÉNADE

A *Stéphane Mallarmé.*

La Nuit, gracieuse et farouche sirène,
Flotte dans le calme bleu éthéréen,
Ouvrant ses yeux purs — qui sont des astres —
Et pleure de longues larmes tranquilles,
Des larmes de lumière, tremblant un peu,
Dans la paix dormante de l'eau
Où les navires à l'amarre
Sont des fantômes de navires,
Si pâlement profilés sur le ciel ;
On dirait d'une très ancienne estampe
Effacée à moitié par le temps.

Un charme indolent vaporise les contours ;
Et les formes sont de tendres spectres
Revêtus de passé, de mystère et de rêve,
Au gré de notre désir incertain.

La Nuit câline se berce, comme dans un hamac
Une fille des chaudes contrées,
Et, de ses mains ouvertes,
Tombe le précieux opium de l'heure.

La cohorte brutale des soucis
Est en déroute
Sous le pur regard de la Nuit.

Plus rien d'hostile ne se mêle
A la sérénité des choses assoupies ;
Et l'âme du poète peut croire
Retrouvé le pays promis à ses nostalgies ;
Le pays à l'égal charme doux —
Comme un sourire d'amie, —
Le pays idéal, où
Plus rien d'hostile ne se mêle
A la sérénité des choses.

Flottez, gracieuse et farouche sirène !
Nuit indolente, dans le calme bleu éthéréen,
Flottez sans hâte — car voici déjà
A l'Orient la menace rose
Du jour,
Et voici retentir dans l'air assoupi
Le clairon qui sonne le retour
Des soucis — brutale cohorte.

Le haïssable chant du coq
Lance la narquoise sérénade :
— Aux pires hôtes ouvrez vos portes,
Voici le jour !

MARINES

A Joseph Caraguel.

I

MARINE SOMBRE

La plaine marine s'est attristée
Comme d'un deuil infiniment morne ;
Sous les cieux, noirs de funèbres nuées ;
Gronde, en sanglots sourds, sa mélancolie sans
   bornes.

Les vagues sont de lourdes étoffes sombres
Frangées d'argent funeraire ;
Et les brises du large — véhémentes pleureuses —
   vocifèrent
Comme sur des Morts gisants aux liquides décom-
   bres.

Des Morts glorieux — chers aussi —
Dont les regards se fussent éteints
Comme s'éteignent les claires étoiles au gris matin,
Des Morts emblématiques dont les noms seraient :
Espoir, Courage, Amour, Fierté,
Et que la mer sinistre aurait engloutis.

II

MARINE CLAIRE

A Stuart Merril.

Le bleu marin, doré de ciel, déroule ses soies lentes
Comme pour un manteau de Vierge byzantine.
Puis ce sont de gracieux rubans, irisés d'eau câline,
Que nulle âpre respiration du vent ne tourmente.

Les crêtes saphirines des vagues sont fondues
De tendresse, au sein de la brillante étendue
Soulevée à peine en paresseux mouvements
D'ailes frissonnantes — comme d'un ramier dor-
  mant.

C'est le Pardon joyeux et l'oubli des orages,
Le baiser unissant les éléments candides
Si intimement que — vertigineux mirage —
La mer semble un ciel doux, onduleux et liquide,

Où — telles des nuées — les navires oscillent
— Et le vrai ciel paraît une mer immobile.

III

SOIR EN MER

A Georges Rodenbach.

La mer et le ciel se sont parés
De lueurs rouges, de lueurs roses,
De lueurs pourpres — en chantante gamme
— C'est — comme des linges éclaboussés de sang,
   parmi des roses,
      Ce qui resterait
      De quelque galant drame.

Puis, des gemmes enflammées,
Des rubis, des grenats, des coraux
Roulent en colliers dénoués,
Tombent, en guirlandes rompues, du ciel dans l'eau.

Et les feux de l'horizon qui étincelle
Cerclent la mer d'un anneau d'or,
Comme une fiancée redoutable et belle

Qui, charmeresse, se couche dans les dentelles
De l'écume, légères et frêles
Et, respirant doucement — s'endort.

PETITES CHANSONS

RONDE AU BOIS

A Madame Marguerite Laguerre.

UNE VOIX

Salut jeune Soleil, prince des champs et des grèves !
Les temps moroses sont chassés par tes feux bénis ;
Dans les cœurs de vingt ans fleurit le tendre Rêve
Et dans les branches chantent les nids.

CHŒUR DE JEUNES FILLES

Nous cueillerons la violette
Et le liseron,
Au bois où le mystère guette
Nous irons,
Eh ! ho !
Pour cueillir la violette et le liseron.

La jolie rose au bois
        Nous dira
Que nous sommes aussi jolies.
Et dans les sources,
Aux voix si douces,
        Nous nous mirerons
Eh ! ho !
        Nous nous mirerons.

UNE VOIX

Les échos moqueurs répètent les voix,
Les voix futigives de l'Espoir qui passe
En chantant gaiement aux clairières des bois ;
Les échos moqueurs survivent parfois
        A l'Espoir qui passe.

CHŒUR

Le chevalier du roi
        Y viendra,
Choisira la plus belle :
Un anneau d'or il aura
A la plus belle le donnera
Eh ! ho !
        A la plus belle.

UNE VOIX

Aux buissons des bois les églantines rouges
Semblent de petits cœurs, parfumés et sanglants,
Et les échos moqueurs répètent les voix,
Les fugitives voix du Bonheur qui passe.

CHŒUR, *s'éloignant.*

Le chevalier du roi
        Y viendra
Eh ! ho !
Le chevalier du roi
        Y viendra.

LES PETITS CHEMINS

A Madame Jeanne Poilpot.

Ils ont une grâce enjoleuse,
Tendre à la fois et railleuse,
Des airs galants, persuasifs et mutins,
Les petits chemins.

Leur ruban clair se déroule —
Comme une eau lente —
Le long des prés, joyeux des fleurs en foule,
Et dans le bois qui chante.

Ils invitent à suivre leur fortune
Le pas des rêveurs, le pas des amoureux
Que la route battue importune.

Ainsi les doux entretiens
Aveux discrets murmurés en tremblant,
Du cœur effarouché qui se défend
    Sont les petits chemins.

L'Amour alors, se faisant bon apôtre,
Gentiment nous prend par la main
Et nous conduit dans la forêt profonde
    Par les petits chemins.

MARION

A Steinlen.

Marion cueille des fleurs dans les prés
Et les fleurs la voyant si belle
— C'est notre sœur — disent-elles ;
       Ah! Ah!

Marion va promener au bois
Et les oiseaux l'entendant chanter
Se taisent pour l'écouter ;
       Ah! Ah!

Marion rencontre un chevalier
Qui prend son cœur tout entier
Et puis s'en va.
       Ah! Ah!

Maintenant le joli bois est muet
Et se fanent les fleurs dans les prés
A voir Marion pleurer
       Ah! Ah!

RONDE DE MAI

A Paul Bergon.

Le coquelicot
    Nouveau
Rit d'allégresse
Au bord des prés.

    Tourne,
    Tourne la ronde !
Puisque la terre est en fleurs
De nos pas joyeux foulons la terre en fleurs
    Ah ! Ah ! Ah ! Ah !
(*parlé*) Tourne la ronde !

Que dira la pâquerette
A l'amour, inquiète ?

    Tourne,
    Tourne la ronde !
Si l'une pleure tout bas

Une autre rit de joie
        Ah! Ah! Ah! Ah!
Tourne la ronde!

Mai, tout de vert vêtu,
Que nous apportes-tu?

        Tourne,
Tourne la ronde!
Il nous apporte le mois de Mai
Des tapis de mousse pour danser.
        Ah! Ah! Ah! Ah!
Tourne la ronde!

Il faut des parures pour danser,
Des bagues et des colliers.

        Tourne,
Tourne la ronde!
Il nous apporte le galant Mai
Des colliers de rosée.
        Ah! Ah! Ah! Ah!
Tourne la ronde!

Il faut des violons pour danser
Et des flûtes aux chansons gaies.

Tourne,
Tourne la ronde !
Le gai rossignol pour nous chantera
Et tous les oiseaux du bois
Ah! Ah! Ah! Ah!
Tourne la ronde !

Il faut du bonheur
Au cœur
Pour danser.

Tourne,
Tourne la ronde !
Il nous donnera le gracieux Mai
Des couronnes de mariées
Ah! Ah! Ah! Ah!
Tourne la ronde !

CHANSONNETTE

A René Maizeroy.

Colin dit à la belle bergère :
— Je t'aimerai toute ma vie
Si tu veux me donner
Ta jolie main blanche à baiser. —

Elle répondit au galant
— Toute la vie... c'est bien longtemps.

Lucas dit encore à la belle :
— Je t'adorerai à genoux
Comme une sainte à la chapelle
Si ton cher cœur veut m'être doux. —

Elle lui dit les yeux baissant
— Je n'en mérite pas autant —.

Mais Pierre dit : — Or ça, la belle,
Je *veux* qu'on m'aime
Au diable les inhumaines. —

Alors la bergère dit d'une voix tendre :
A ce coup ne puis me défendre,
Mon cœur n'ai-je point donné mais le laisse prendre

LA HABANERA

A Jean Richepin.

En robe tissée de rayons de lune,
Dansez la habanera espagnole brune !
Nerveuse et langoureuse faites virer vos reins
          Au son des guitares et des tambourins.

Dans votre œil — vive lumière —
Noir — sous la noire mantille
De dentelle légère —
C'est l'amour même qui brille.

          Dansez la habanera
              Ollé !
          En robe de lune
          Espagnole brune
              Ollé !

Cette rose, couleur de sang, dans vos noirs cheveux
N'est-elle pas la cruelle fleur

Eclos: en votre cœur ?
Cette jolie rose en vos noirs cheveux !

Mais plus rouge encore est votre bouche qui sourit —
Tendre et grave et cruelle aussi —
On dirait une petite flamme sorcière,
                    Redoutable et belle,
Vers qui l'éventail, — pavillon éperdu — bat de l'aile.

                Dansez la habanera
                        Ollé !
                En robe de lune
                Espagnole brune
                        Ollé !

Les castagnettes rythment le pas
De cette danse tournoyante —
Endiablée à la fois et nonchalante —
Où le corps souple s'abandonne et puis se refuse.

Et les bras, passionnément levés,
        Semblent implorer ;
Tandis que les musiciens assis en cercle à terre
Stimulent de leurs cris la danseuse énervée :

                                        6.

Dansez la habanera
Ollé !
En robe de lune
Espagnole brune
Ollé !

LE POÈME DE LA VIGNE

A *Anatole France.*

Sur son vaisseau aux mâts fleuris
Dionysos, vers les Indes lointaines,
        Cingle parmi
        Les vents soumis ;

Et riche du butin conquis
D'or, d'ivoire, d'ambre et d'aromates
Il en rapportera, plus précieuse encore,
La vigne au rire sonore.

Plus tard, ce sera le vin rose
De Chypre, dans les coupes insoucieuses
Qui vacillent aux mains des belles courtisanes
        Couronnées de roses.

Parmi les Vignes de Saaron,
Dont les grappes sont parfumées,

L'Epouse du Cantique des cantiques
S'offrira sublime et naïve
        A l'Epoux mystique.

Les vins du Rhin, bus dans les hanaps,
Plongeront les somptueux margraves
Dans l'ivresse héroïque et grave
Qui rêve de hauts faits
        Par les bardes chantés.

L'Espagne dans les ondes chaleureuses
Des Xérès et des Alicantes
Trouvera la flamme nerveuse et langoureuse
        De ses danses affolantes.

Les Falernes, chauffés de soleil
Dans les campagnes latines,
Gardent en leurs rameaux vermeils
Le sang farouche des Messalines.

La vigne française — rouge rose et blonde —
Sera célébrée aux deux bouts du monde.
Cette terre de France, couronnée
        De glorieux Passé,
Riche d'Espoir et de belles Chimères
Ne contient-elle pas l'esprit de Rabelais
        Et de Voltaire
En ses robustes veines retourné ?

Enfin le champagne à la mousse folle —
Dont le bouchon comme un oiseau s'envole —
Est le diadème d'or, finement perlé,
Au front de la Vigne sacrée.
Son éloquence, passionnée et légère,
Est la fantasque conseillère
Du gracieux amour éphémère

Mais c'est aussi parmi
        La pourpre miraculeuse du Vin
Que règne le sang de l'Agneau divin ;
Offert en tendresse infinie
        Pour toute la terre.

LA JOURNÉE

A Anna Durand.

Les heures courent, rampent et volent —
Lourdes ou légères,
Graves ou folles,
Tissées d'ombre et de lumière —
Apportant chacune sa spéciale mélancolie
Ou son charme qui console.

Le matin nous fait audacieux,
Comme des dieux ;
Il veut nous emporter aux vastes horizons,
— Tel un fringant cheval, —
Et, plus amèrement, alors, nous sentons
La ville être une prison
Où se morfond notre vie.

Le temps du repas, taciturne ou joyeux,
Efface cet élan vers les ciels
Et fait désirer à nos yeux
Des décors artificiels.
De la courte flamme qu'il allume
Nait une effervescence de projets
Où notre activité se consume.

Selon l'heure — claire ou rembrunie —
Flotte, épave, notre fantaisie.
Un peu de soleil sur le mur entrevu
Rend l'espoir à notre cœur fourbu,
Puis, le retire : — jouet cassé,
Et le cache parmi les nuages amassés.

Mais, sur les foules affairées,
La lumière gaie
Met une tristesse de plus.
— O la course à l'abîme des souhaits éperdus !
Avec la Mort, en somme, pour but. —

Heureux ceux, pour qui l'heure forcenée,
Frappe, amortie, aux tentures fermées,
Sur d'intimes fêtes, d'Amour, de Rêve et d'Amitié,
Où le mal de vivre peut être oublié.

Jusqu'à la minute fraîche du crépuscule qui revêt
De tendresse et de songe
Les maisons, les gens, les villes et les quais.
Cependant que dans son sang se plonge
Le soleil aux rayons apaisés.

Et, plus tard, jusqu'à la Nuit sorcière —
Couronnée de belladone, de pavots et de lierre —
Berceuse maléfique ; bienfaisante et cruelle,
Qui porte le sommeil ingénu ;
Aussi les fantômes et les angoisses mortelles
Sous ses pesantes ailes.

LA CHARITÉ

Au Docteur Duroziez.

Cette rare Visiteuse aux mains douces,

Ce n'est point la vierge auréolée d'éloquence, avec, à son corsage, des roses coûteuses.

Ce n'est point la triomphale vierge, dont le pur regard fait douloureusement palpiter les paupières meurtries des Souffrants.

Elle est, cette Visiteuse rare, malgré sa surhumaine beauté,

Elle est, à force d'amour, comme le reflet même de la Misère et de la Déchéance.

Ses yeux miraculeux sont flétris par le voile des pleurs versés,

Et sa divine jeunesse est ployée comme d'une décrépitude vers les Tombés sous le faix de la vie.

Elle n'est point le rayonnement hautain de blancheur,

7

Ni la volupté de consoler :

Elle est la Douleur fraternelle.

Le doigt sur la bouche, elle entre, brisée de tendresse, dans les demeures en deuil.

Les tout petits ne s'effrayent point, à la voir humble
comme eux.

Et ses mains, ses mains si douces, sont tremblantes
en touchant aux blessures.

Elle est le frissonnement pitoyable et l'indulgence
infinie,

Cette rare visiteuse aux mains douces.

LÉGENDES

LÉGENDE (1)

A Yvette Guilbert.

C'était une mère qui pleurait,
Qui pleurait son enfant ;
Son pauvret mort, comme un bleuet fauché
Dans le pré souriant.

Elle le pleurait de larmes très amères,
Sans nul repos ni trêve —
Tant que le jour brillait au ciel cruel,
Au ciel désert ;
Et quand la nuit enveloppait la terre
De voiles noirs,
Elle le pleurait, reprochant au ciel
Son désespoir.

(1) Ces légendes ne sont ni des traductions ni même des adaptations de thèmes déjà interprétés dans la langue slave, — mais des poèmes originaux échafaudés sur des superstitions populaires.

(N. de l'A.)

Or, une vesprée elle entra à l'église
Pour y gémir l'excès de sa misère
Dans le silence de l'heure solitaire.

Mais elle vit là une foule étrange
De trépassés muets sous leurs suaires.

Elle reconnut son pauvre petit enfant
Qui fléchissait sous le poids écrasant
D'une lourde cruche pleine.

— Quel fardeau portes-tu, mon enfant bien-aimé ?
Pour quel péché subis-tu cette peine ?
— Ce sont vos larmes, ô mère, pauvre mère,
Toutes vos larmes dont cette cruche est pleine !

Ainsi apprit la pleureuse rebellée
Qu'avec résignation devaient être acceptées
Les voies rigoureuses du Seigneur,
Et que sa douleur pesait à son cher mort.

LÉGENDE

A Henri Baue.

Le prince, le jeune prince aussi beau qu'un roi est mortellement blessé.

Tandis qu'il chassait au profond des bois.

O le chasseur distrait !

Distrait par l'unique hantise des tresses dorées,

Des lourdes tresses dorées de la princesse sa femme.

Il fut assailli par un méchant sanglier

Qui le navra de ses crocs acérés.

. .

Et le voici maintenant aussi pâle qu'une touffe de jasmins, couché sur les brocarts sanglants du lit.

Du lit heureux où quelques semaines avant il avait reçu la virginale épouse, sa princesse aux tresses dorées.

Autour du lit, trois pleureuses sont debout : la
Mère, la Sœur et l'Epouse.

..

Courons, dit la Mère, courons vite chez le Magicien qui vit farouche au profond des bois.

Lui seul pourra composer un baume qui guérisse
mon beau prince, aussi beau qu'un roi.

..

Quand elles furent parvenues au profond des bois
Le magicien ainsi leur parla :
— Je puis guérir le jeune prince,
Je puis vous donner un baume qui guérisse le
jeune prince,
Mais, pour me payer cet incomparable baume il
me faut donner :
Toi la Mère, ton bras droit tout entier,
Toi la Sœur, ta main blanche avec l'anneau du
doigt
Et toi l'Epouse, ta lourde tresse dorée.

..

La Mère dit : N'est-ce que cela ? et elle donna
son bras droit.

La Sœur dit : Prends ma main blanche avec l'anneau du doigt.

Mais l'Epouse gémit : Hélas ! faudra-t-il me dépouiller de ma tresse dorée ?...

Je ne puis en vérité donner ma tresse dorée.

Et le magicien garda son baume,

Et le prince mourut.

∴

Or, elles sont là, les trois pleureuses, autour du corps trépassé.

La Mère pleure, soutenant la tête de son prince bien aimé, abattu comme un sapin des bois.

La Sœur pleure aux pieds du prince aussi beau qu'un roi.

Et l'Epouse pleure près du cœur.

Près du cœur mort qui palpita de si tendre amour pour ses tresses dorées.

∴

Et à la place où pleurait la Mère — ce devint un beau fleuve aux flots immortels qui coule jusqu'à ce jour.

Où pleurait la Sœur ce fut une source vive.

Mais où pleurait l'Epouse — ce fut une petite mare que le premier soleil a séchée.

LÉGENDE

A Lucien Muhlfeld.

Nadéja et Louba, les deux sœurs, étaient belles toutes les deux.

Mais Nadéja, l'aînée, avait la beauté brune aux yeux de nuit.

Tandis que la cadette, Louba, était blonde comme les anges du ciel.

Et, à cause de cela, sans doute, si les regards s'arrêtaient sur Nadéja.

Tous les cœurs allaient vers Louba.

Alors Nadéja en conçut pour sa sœur une grande haine

Et la regarda d'une âme jalouse.

.·.

Or, un jour, le Fils du Prince vint à passer sur la lisière du bois

Où les deux sœurs cueillaient la violette sauvage

Pour en orner l'image

De la Vierge de mai.

Il était beau, comme ce matin même de printemps.

Aussi, lorsqu'il s'arrêta devant les deux jeunes
filles, leurs deux cœurs tressaillirent dans leur sein
comme deux oiselets pris au piège.

Et, sans savoir si cela était bien ou mal faire.

Elles tendirent toutes deux au fils du prince leurs
bouquets de violettes.

Mais lui regardait, ravi, le doux visage de Louba
et, distrait, laissa tomber les violettes de Nadéja
dans l'herbe, où son cheval les brouta.

.·.

Quand il se fut éloigné, Nadéja tua sa sœur Louba
Malgré ses prières et ses plaintes :
    — Ah! qu'il est cruel mon sort !
    Si jeune va me prendre la mort !
    Je ne te verrai plus, gai soleil de Dieu !
    Belles fleurs de la prairie, adieu !

.·.

Et maintenant, la pauvre petite Louba
Dort sous la terre, à la lisière du bois ;
Et déjà un jeune ormeau a poussé
Sur sa tombe ignorée.

Or le fils du prince un jour passait par là,
Et la grâce du jeune arbuste le charma;
Il le prit pour tailler un flûtiau
Et l'emporta dans son château.

Mais lorsqu'il voulut en jouer
Le flûtiau tout seul se mit à chanter;
    — Ah! qu'il est triste mon sort;
    Si jeune m'a prise la mort!

Le prince assembla toute sa cour
Toutes les belles dames et les officiers, et les
prêtres.
Et quiconque du flûtiau voulait jouer
La même voix plaintive en sortait:
    — Pour un bouquet
    Ma méchante sœur m'a tuée

Ainsi le crime de Nadéja fut connu
Et, lorsqu'on la conduisit sur la lisière du bois
Où, sous la terre, dormait Louba —
Voyant le fils du prince tout en pleurs
Et les prêtres assemblés —
Elle avoua son forfait
Et tomba morte de regret.

LA MORT DE CLÉOPATRE

LA MORT DE CLÉOPATRE

PERSONNAGES

CLÉOPATRE

CHARMION

La scène se passe dans le palais de Cléopâtre, sur la terrasse
couverte d'un vélum. Une tenture soulevée laisse voir la
mer chargée de navires; une autre ouverture donne accès
à l'intérieur du palais. Près de cette issue Charmion
guette la venue du messager porteur des nouvelles du
combat qui se livre aux portes de la ville. Cléopâtre, sur
le devant de la scène, est étendue à demi sur un lit de
repos.

CLÉOPATRE

Mourir dans sa beauté...

Mourir, Reine !

Reine — non point seulement par ce vain diadème,

Mais Reine — par la despotique domination

      Sur les cœurs des hommes,

Couronnée du rayonnement de grâce invincible,

Armée du redoutable glaive de Faiblesse,

Parée — mieux que de pourpre — de l'adorable
 carmin des abandons,

Et plus majestueuse à cause des langoureuses dé-
 faillances,

Dont l'effet est si sûr pour abattre les plus forts.

 Elle se lève, se dirige vers l'ouverture par où l'on
   voit la mer et s'y arrête.)

Ce lit bleu tout entier berça mes songes

De formidable amoureuse ;

Et, jusqu'aux confins du ciel,

Ces flots furent mon domaine asservi.

Ne semble-t-elle pas encore, cette mer superbe,

Etre couchée à mes pieds

Comme une lionne familière?

Et mes galères,

Mes redoutables et joyeuses galères !

Elles n'ont jamais connu le sombre pavillon des dé-
 faites.

L'or et l'azur

Ornent leurs fronts de guerrières,

Et, elle est pareille, cette belle flotte,

A une volée d'oiseaux, fous d'espace et de victoire —

Partis à la sûre conquête du monde.

  (Après un silence.)

Le nom de Cléopâtre sera, lui aussi,

Comme un beau Navire impérissable,

Qui flottera sur les Mers futures,

Qui fendra les flots du Temps de sa poupe enguir-
  landée ;
Et les terres barbares, les terres lointaines,
Que mon pas de conquérante a foulées,
En garderont à jamais un tressaillement de tendresse.
      (*Elle revient sur le devant de la scène.*)
Comme elle doit être cruelle
L'heure des Lendemains !
Des lendemains de gloire, des lendemains de beauté,
Des Lendemains d'Amour...
Qu'ils soient maudits à jamais.
Les clairs miroirs des fontaines qui osèrent montrer
A la première amoureuse son front défleuri de jeu-
  nesse !
      Maudits soient les échos des bois
      Par qui Chloë apprit
      Qu'elle s'appelait Baucis !
Et qu'ils soient maudits les baisers dévoués,
Figés sur les lèvres — jadis tremblantes d'émoi, —
Car ils sont, ces abominables baisers,
Pareils aux tristes fleurs d'asphodèle
Poussées sur des tombeaux,
Alors que s'est effeuillée dans le vent d'automne
La dernière Rose rouge.

O le funeste fardeau des jours glacés
Que n'éclaire plus le Soleil exalté
Des ardents Etés !

Et qu'elle soit plongée au profond des gouffres de
   l'Enfer,

La minute hideuse qui nous révèle

Que nous ne sommes point, comme les Dieux — immortels,

Et qu'il est vacillant le Trône

Bâti sur la roche la plus haute...

Mourir dans sa beauté !

Mourir, Reine !

     (Après un silence elle appelle.)

Charmion !

CHARMION, *accourant.*

Ma chère maîtresse !

CLEOPATRE

Ma chevelure me pèse et m'obsède.

Fais la crouler libre sous tes doigts habiles.

CHARMION

Ta chevelure, ô Reine ! est comme la tendre Nuit,

La Nuit endormeuse de tristesses.

Elle est — ta chevelure — comme une mer de ténè-
   bres parfumées,

Où, parmi les flots tumultueux,

Roulent les clameurs des cœurs en détresse,

Où, parmi les flots alourdis d'épaves,

Vogue, victorieux navire, l'Extase divine.

CLÉOPATRE

N'est-ce pas, Charmion, que ma chevelure est belle ?

CHARMION

Elle est, ta chevelure, aussi belle
Que le repos de la Mort.
Et le vivant Opium
Qui embaume sa soie funèbre,
En fait le linceul câlin
Où vient s'ensevelir la volonté des héros.

CLÉOPATRE

Donne-moi mon miroir.

CHARMION, *donnant le miroir.*

Si tu voulais, ô Reine !
Te mirer au clair ciel du matin,
Où les ors et les incarnats de l'aube
Se fondent en miraculeuses harmonies
Au sein des nuées nouvelles écloses, —
Tu reverrais l'apparence de ton visage
Où le charme des fleurs s'allie
A l'éclat des trophées.

CLÉOPATRE

Y eut-il une victoire refusée à Cléopâtre ?

CHARMION

Non, les rois ont renié leurs peuples
Pour un de tes regards
Et, pour un de tes baisers,
Les plus farouches guerriers
Sont devenus lâches et faibles comme des femmes.

CLÉOPATRE

Rien ne pourra donc plus ajouter à ma gloire?

CHARMION

Non, cela est impossible, ô Reine !
A moins que la mort elle-même ne vienne
Abdiquer sa puissance à tes pieds.

CLÉOPATRE

La Mort !
La Mort — c'est la grande alliée des très grands
Et la Servante fidèle
Qui met la suprême parure au front des Reines,
Afin qu'éternellement belles
Elles demeurent dans la mémoire des hommes.

(Elle rêve un moment, en se mirant.)

Charmion, apporte cette corbeille de fruits
Où dort la Mort...
Cléopâtre veut mourir dans sa beauté
Et dans sa gloire.

CHARMION, *après s'être approché de la draperie qu'une main écarte.*

Un messager est là, qui apporte des nouvelles du champ de bataille.

CLÉOPATRE

Qu'il attende.

CHARMION, *aux pieds de Cléopâtre :*

O Reine ! de grâce, entends cet envoyé !
Il ne saurait apporter de funestes nouvelles ;
La Fortune n'est-elle point ton esclave
Incapable de rébellion ?
Au fond de ton projet, sublime et sinistre,
La crainte, indigne de toi, n'a-t-elle point trouvé de
    place ? dis-le moi !
S'il en était ainsi, ô ma belle Reine !
Chassez loin de vous ces chiens hurleurs — les
    doutes ;
Défendez-leur l'approche de votre âme
Qui est un temple d'or pur et d'ivoire,
Que la joie seule doit habiter !

CLÉOPATRE

Non, Charmion, calme ton cœur troublé.
Cléopâtre ne déserte point en lâche
Un trône menacé.
Les nouvelles apportées par ce messager

Sont d'heureuses nouvelles, j'en suis sûre;
Mais le front de Cléopàtre
Fléchit sous le faix du diadème,
Et le seul joyau qui puisse ajouter à sa splendeur
C'est une Mort radieuse.

   (Avec un geste de commandement.)

Obéis-moi, Charmion :

  CHARMION, *en pleurant, apporte la corbeille.*

Mourez, admirable Reine !
Charmion se fie à sa douleur pour ne point vous sur-
 vivre.

CLÉOPATRE, *ayant plongé sa main parmi les fruits et
senti la morsure du reptile, s'abandonne languissam-
ment soutenue par Charmion.*

Qu'elles sont froides, tes pâles mains, ô Mort !
Tes pâles mains sur mes yeux et sur mon cœur,
Et que d'angoisses à être ainsi bercée sur tes ge-
 noux —
Cruelle Berceuse !
Sur tes genoux de pierre — plus houleux
Que la grande mer en courroux.

 *(Elle semble s'assoupir, puis péniblement soulève la
   tête pour se mirer encore.)*

Que diras-tu, Antoine, mon lamentable amant,
A qui j'ai coûté le courage et l'honneur;

Que diras-tu, en voyant
Encloses à jamais sous leurs paupières,
Les fleurs de lumière
Qui furent ces merveilleuses prunelles ?
Les grands Lacs enchantés de mes yeux,
Les grands Lacs hantés par les naufrages et les dé-
sastres.

(Elle rêve un instant.)

Tes actions de grâces viendront-elles saluer
L'austère Libératrice ?
Non ! Tes clameurs de détresse
Seront comme celles d'un bélier égorgé,
Et ton âme sera
Comme une barque en perdition dans l'orage,
Car le Souvenir de nos bonheurs
Aura des bras acharnés de Bourreau
Pour te déchirer et te blesser
Mieux qu'avec des épées,

(Elle s'affaisse.)

Qu'elles sont froides tes pâles mains, ô Mort !
Il me semble, Charmion, que je suis redevenue
Comme une toute petite,
Craintive et faible.

(Elle se renverse entièrement.)

Ah ! pourquoi donc ce vélum de lin clair

Devient-il noir comme la Nuit?...

(Elle meurt.)

CHARMION

Endormez-vous, ma Reine !
Endors-toi, mon enfant !

UN AFFRANCHI

Antoine a cessé de vivre et la bataille est perdue.

CHARMION, *étendant la reine morte sur le lit.*

Tu ignoreras cette défaite, heureuse Cléopâtre !

(RIDEAU.)

TABLE

TABLE   135

LÉGENDES

ÉMILE COLIN — IMPRIMERIE DE LAGNY

Extrait du Catalogue de la Librairie A. Lemerre, éditeur.

POÈTES CONTEMPORAINS
Volumes in-18 jésus. — Chaque volume, 3 fr.

JEAN AICARD	*Le Livre d'heures de l'Amour*	1 vol.
THÉODORE DE BANVILLE.	*Nouvelles Odes funambulesques* . . .	1 vol.
—	*Idylles prussiennes*	1 vol.
—	*Les Princesses*	1 vol.
AUGUSTE BARBIER	*Poésies posthumes*	1 vol.
ANDRÉ BELLESSORT . . .	*Mythes et Poèmes*	1 vol.
MARC BONNEFOY	*Poèmes à travers l'Infini*.	1 vol.
ÉMILE CHEVÉ.	*Les Gouffres*	1 vol.
FRANÇOIS COPPÉE	*Premières Poésies*	1 vol.
—	*Poèmes modernes*	1 vol.
—	*Les Humbles*	1 vol.
—	*Le Cahier rouge*	1 vol.
—	*Les Récits et les Élégies*	1 vol.
—	*Contes en vers et poésies diverses* . . .	1 vol.
—	*Les Paroles sincères*	1 vol.
LÉON DIERX	*Les Amants*.	1 vol.
AUGUSTE DORCHAIN . . .	*La Jeunesse pensive*.	1 vol.
—	*Vers la Lumière*.	1 vol.
FRANÇOIS FABIÉ	*La Bonne Terre*.	1 vol.
—	*Voix Rustiques*	1 vol.
ANDRÉ GÉRARD.	*Les Jeunes Tendresses*	1 vol.
PHILIPPE GILLE.	*L'Herbier*.	1 vol.
JEAN LAHOR	*L'Illusion*	2 vol.
EUGÈNE LE MOUEL. . . .	*Fleur de Blé noir*.	1 vol.
ANDRÉ LEMOYNE	*Fleurs du Soir*.	1 vol
J. ANNE LOISEAU	*Fleurs d'avril*.	1 vol.
—	*Rêves et Visions*.	1 vol.
PAUL MARIÉTON	*Hellas*.	1 vol.
ALBERT MÉRAT	*Au fil de l'eau*.	1 vol.
—	*Poèmes de Paris*.	1 vol.
ARMAND RENAUD	*Drames du Peuple*	1 vol
GEORGES RODENBACH . . .	*La Jeunesse blanche*	1 vol.
SULLY PRUDHOMME . . .	*Les Épreuves*.	1 vol.
—	*Les Solitudes*.	1 vol.
—	*Le Premier Livre de Lucrèce* . . .	1 vol.
—	*Les vaines Tendresses*	1 vol.
—	*La Justice*.	1 vol.
—	*Le Prisme*	1 vol.
—	*Le Bonheur*	1 vol.
ALBERT SÉMIANE.	*Sonnets et Sornettes*.	1 vol.
ANDRÉ THEURIET	*Le Livre de la Payse*	1 vol.
LÉON VALADE	*A mi-côte*	1 vol.
GABRIEL VICAIRE	*Le Miracle de Saint Nicolas*. . .	1 vol.
—	*L'Heure enchantée*	1 vol.
—	*A la bonne franquette*.	1 vol.
—	*Au Bois Joli*.	1 vol.

ÉMILE COLIN — IMPRIMERIE DE LAGNY

www.ingramcontent.com/pod-product-compliance
Lightning Source LLC
Chambersburg PA
CBHW051728090426
42738CB00010B/2142